# Pescando de DNS

# Pescando de DNS

## Odracir Sparrow

# <Índice/>

Autor: Odracir Sparrow
Título: Pescando de DNS
Design da capa: Odracir Sparrow
ISBN: 9789403754376
Editor: LusoSever
Data: 06/2024

# Capítulo 1

✓ O que é um DNS e para que serve?

# Introdução ao DNS

O Sistema de Nomes de Domínio (DNS) é uma parte fundamental da infraestrutura da internet, responsável por traduzir nomes de domínio em endereços IP. Essencialmente, o DNS age como uma agenda telefónica para a internet, permitindo que os utilizadores acessem sites através de nomes de domínio amigáveis, como "www.rjpdns.com", em vez de memorizarem sequências complexas de números, como "213.228.135.6".

# História do DNS

O DNS foi desenvolvido nos anos 1980 para substituir o antigo sistema de ficheiros hosts.txt, que não escalava bem com o crescimento da internet. Este sistema inicial era mantido centralmente e atualizado manualmente, o que rapidamente se tornou inviável.

# Estrutura do DNS

O DNS é hierárquico e distribuído, composto por diferentes níveis de domínio:

✓ **Root Level**:

A raiz do DNS, representada por um ponto (".").

- ✓ **Top-Level Domains (TLDs)**:

Domínios de nível superior como .pt, .com, .org, .net, .gov.

- ✓ **Second-Level Domains**:

Nomes registados sob um TLD, como rjpdns.com.

- ✓ **Subdomains**:

Domínios adicionais criados sob um domínio de segundo nível, como www.rjpdns.com.

## Funcionamento do DNS

Quando um utilizador digita um endereço web, o processo de resolução DNS envolve várias etapas:

- ✓ **Consulta Recursiva**:

O cliente (Browser) solicita a resolução completa de um nome de domínio.

- ✓ **Consulta Iterativa**:

Os servidores DNS respondem com a melhor informação que possuem ou redirecionam para outro servidor.

## Tipos de registos do DNS

- **A Record**:

Associa um domínio a um endereço IPv4.

- **AAAA Record**:

Associa um domínio a um endereço IPv6.

- **CNAME Record**:

Alia um domínio a outro domínio.

- **MX Record**:

Especifica servidores de email para o domínio.

- **PTR Record**:

Mapeia um endereço IP para um domínio (resolução reversa).

- **NS Record**:

Especifica servidores DNS autorizados para o domínio.

- **TXT Record**:

Contém informações de texto para vários propósitos, como verificação de domínio.

## Root Servers e os seus IP`s

Os Root servers são servidores fundamentais que formam a base da estrutura do DNS. Existem 13 servidores raiz, identificados por letras de A a M, cada um com um endereço IP específico:

- ✓ **A Root Server**:
  - IPv4: 198.41.0.4
  - IPv6: 2001:503:ba3e::2:30
- ✓ **B Root Server**:
  - IPv4: 199.9.14.201
  - IPv6: 2001:500:200::b
- ✓ **C Root Server**:
  - IPv4: 192.33.4.12
  - IPv6: 2001:500:2::c
- ✓ **D Root Server**:
  - IPv4: 199.7.91.13
  - IPv6: 2001:500:2d::d
- ✓ **E Root Server**:
  - IPv4: 192.203.230.10
  - IPv6: 2001:500:a8::e
- ✓ **F Root Server**:
  - IPv4: 192.5.5.241
  - IPv6: 2001:500:2f::f
- ✓ **G Root Server**:
  - IPv4: 192.112.36.4
  - IPv6: 2001:500:12::d0d

- ✓ **H Root Server**:
  - IPv4: 198.97.190.53
  - IPv6: 2001:500:1::53
- ✓ **I Root Server**:
  - IPv4: 192.36.148.17
  - IPv6: 2001:7fe::53
- ✓ **J Root Server**:
  - IPv4: 192.58.128.30
  - IPv6: 2001:503:c27::2:30
- ✓ **K Root Server**:
  - IPv4: 193.0.14.129
  - IPv6: 2001:7fd::1
- ✓ **L Root Server**:
  - IPv4: 199.7.83.42
  - IPv6: 2001:500:9f::42
- ✓ **M Root Server**:
  - IPv4: 202.12.27.33
  - IPv6: 2001:dc3::35

# Capítulo 2

❖ Como usamos os DNS todos os dias?

# Uso cotidiano dos DNS

Os DNS são usados em várias actividades diárias, mesmo que muitas vezes de forma imperceptível:

- **Navegação na web**:

Toda vez que digita um endereço de site no seu navegador, o DNS resolve o nome do domínio para o endereço IP correspondente.

- **Envio de emails**:

Servidores de email usam DNS para localizar servidores de destino e entregar mensagens.

- **Aplicativos móveis e serviços de streaming**:

Aplicativos que se conectam à internet usam DNS para acessar servidores remotos e fornecer conteúdo.

- **Serviços de rede**:

Serviços como VPN, CDN e balanceadores de carga dependem de DNS para direcionar o tráfego para os servidores corretos.

# Exemplos de uso de DNS

## ❖ Navegação na Web

Quando digita "www.rjpdns.com" no seu navegador, o processo é o seguinte:

1. O navegador verifica o cache local para ver se o IP correspondente já foi armazenado.
2. Se não, ele faz uma consulta DNS recursiva para o servidor local (Router).
3. O servidor local consulta servidores raiz, servidores TLD, e finalmente o servidor autoritativo para obter o endereço IP.
4. O navegador então conecta-se ao IP fornecido para carregar o site.

## ❖ Envio de Email

Ao enviar um email para "user@rjpdns.com":

1. O servidor de email consulta o DNS para encontrar o registo MX do domínio "rjpdns.com".
2. Com o IP do servidor de email de destino, ele estabelece uma conexão para enviar a mensagem.

## Quando os DNS falham

Se os sistemas de DNS falharem, os impactos podem ser significativos:

- **Inacessibilidade de sites**:

Sem DNS, os navegadores não podem resolver nomes de domínio, tornando os sites inacessíveis.

- **Interrupção de serviços de email**:

Os emails não podem ser entregues se os servidores de email não conseguirem localizar os destinos.

- **Falhas em aplicativos e serviços online**:

Aplicativos que dependem de internet falhariam ao tentar conectar a servidores remotos.

# Falhas de DNS e impactos

## ❖ Falha do DNS do Dyn (2016)

Em outubro de 2016, um grande ataque DDoS ao provedor de DNS Dyn causou interrupções massivas em sites populares como o AirBnB, a Netflix, o PayPal, a Visa, a Amazon, o jornal The New York Times, o Reddit e o GitHub.

Esse incidente destacou a vulnerabilidade da infraestrutura DNS e a importância de medidas de segurança robustas.

## ❖ Problemas de Cache Poisoning

O envenenamento de cache DNS (DNS cache Poisoning) pode redirecionar utilizadores para sites maliciosos ao alterar entradas de cache no servidor local.

Este tipo de ataque pode resultar em roubo de dados e outras actividades fraudulentas.

# Capítulo 3

✓ **Instalar DNS em diferentes sistemas**

# Preparar a instalação

Antes de iniciar a instalação de um servidor DNS, é essencial:

✓ **Escolher o software DNS**:

BIND é o mais comum, mas existem alternativas como PowerDNS e Microsoft DNS.

✓ **Planejar a arquitetura DNS**:

Decidir entre servidores primários, secundários e o uso de DNS recursivo.

✓ **Configurar uma firewall**:

Garantir que apenas o tráfego DNS necessário seja permitido.

## Centos

✓ **Instalação:**

```
sudo yum install bind bind-utils
```

✓ **Configuração básica:**

1. Editar o ficheiro de configuração principal:

```
sudo nano /etc/named.conf
```

2. Adicionar uma zona de exemplo:

```
zone "rjpdns.com" IN {
    type master;
    file "/var/named/rjpdns.com.db";
};
```

3. Criar o ficheiro de zona:

```
sudo nano /var/named/rjpdns.com.db
```

4. Adicionar registos à zona:

```
$TTL 86400
@   IN  SOA ns1.rjpdns.com.
root.rjpdns.com. (
            2024062401 ; Serial
            3600       ; Refresh
            1800       ; Retry
            604800     ; Expire
            86400 )    ; Minimum TTL
@   IN  NS  ns1.rjpdns.com.
ns1 IN  A   213.228.135.6
www IN  A   213.228.135.6
```

5. Reiniciar o serviço:

```
sudo systemctl restart named
sudo systemctl enable named
```

# Ubuntu

## ✓ Instalação:

```
sudo apt-get update
sudo apt-get install bind9 bind9utils
bind9-doc
```

## ✓ Configuração básica:

1. Editar o ficheiro de configuração principal:

```
sudo nano
/etc/bind/named.conf.options
```

2. Adicionar uma zona de exemplo:

```
sudo nano /etc/bind/named.conf.local
```

3. Adicionar registos à zona:

```
zone "rjpdns.com" {
    type master;
    file "/etc/bind/db.rjpdns.com";
};
```

4. Criar o ficheiro de zona:

```
sudo nano /etc/bind/db.rjpdns.com
```

5. Adicionar registos à zona:

```
$TTL 86400
@   IN  SOA ns1.rjpdns.com.
root.rjpdns.com. (
            2024062401 ; Serial
            3600       ; Refresh
            1800       ; Retry
            604800     ; Expire
            86400 )    ; Minimum TTL
@   IN  NS  ns1.rjpdns.com.
ns1 IN  A   213.228.135.6
www IN  A   213.228.135.6
```

6. Reiniciar o serviço:

```
sudo systemctl restart bind9
sudo systemctl enable bind9
```

## Debian

✓ **Instalação:**

```
sudo apt-get update
sudo apt-get install bind9
```

✓ **Configuração básica:**

1. Editar o ficheiro de configuração principal:

```
sudo nano /etc/bind/named.conf
```

2. Adicionar uma zona de exemplo:

```
sudo nano /etc/bind/named.conf.local
```

3. Adicionar registos à zona:

```
zone "rjpdns.com" {
    type master;
    file "/etc/bind/db.rjpdns.com";
};
```

4. Criar o ficheiro de zona:

```
sudo nano /etc/bind/db.rjpdns.com
```

5. Adicionar registos à zona:

```
$TTL 86400
@    IN   SOA ns1.rjpdns.com.
root.rjpdns.com. (
            2024062401 ; Serial
            3600       ; Refresh
            1800       ; Retry
            604800     ; Expire
            86400 )    ; Minimum TTL
@    IN   NS  ns1.rjpdns.com.
ns1  IN   A   213.228.135.6
www  IN   A   213.228.135.6
```

6. Reiniciar o serviço:

```
sudo systemctl restart bind9
sudo systemctl enable bind9
```

## OpenSUSE

✓ **Instalação:**

```
sudo zypper install bind
```

✓ **Configuração básica:**

1. Editar o ficheiro de configuração principal:

```
sudo nano /etc/named.conf
```

2. Adicionar uma zona de exemplo:

```
sudo nano /etc/named.d/rjpdns.com
```

3. Adicionar registos à zona:

```
$TTL 86400
@   IN  SOA ns1.rjpdns.com.
root.rjpdns.com. (
            2024062401 ; Serial
            3600       ; Refresh
            1800       ; Retry
            604800     ; Expire
            86400 )    ; Minimum TTL
@   IN  NS  ns1.rjpdns.com.
ns1 IN  A   213.228.135.6
www IN  A   213.228.135.6
```

4. Reiniciar o serviço:

```
sudo systemctl restart named
sudo systemctl enable named
```

## Windows

✓ **Instalação:**

1. Abra o Gerenciador de Servidores.
2. Clique em "Adicionar funções e recursos".
3. Selecione "Servidor DNS" e prossiga com a instalação.

✓ **Configuração:**

1. Abra o Gerenciador DNS através do Menu Iniciar.
2. Configure novas zonas de pesquisa direta e inversa conforme necessário.

# Capítulo 4

❖ Técnicas de protecção e inspecção

# Proteger o sistema DNS



Adicionar assinaturas digitais para registos DNS.



Implementar monitoramento e análise contínua dos logs de DNS.



Utilizar múltiplos servidores DNS para alta disponibilidade.



Implementar resolução reversa para segurança adicional.



Usar serviços de proteção contra ataques de negação de serviço.

❖ **Actualizações regulares:**

Manter o software DNS atualizado com os últimos pacotes de segurança.

## Configurações e segurança

❖ **Usar DNSSEC**:

DNS Security Extensions (DNSSEC) é um conjunto de especificações que adiciona uma camada de segurança ao Sistema de Nomes de Domínio (DNS). Ele foi projetado para proteger contra certos tipos de ataques, como o envenenamento de cache e spoofing de DNS, garantindo a autenticidade e integridade dos dados DNS.

❖ **O que é DNSSEC?**

DNSSEC funciona assinando digitalmente os dados DNS para garantir que as respostas de consultas DNS não tenham sido adulteradas. Ele usa criptografia assimétrica para criar uma cadeia de confiança desde a raiz do DNS até o domínio final.

❖ **Benefícios do DNSSEC**

- **Autenticidade**:

Garante que a resposta DNS veio de uma fonte legítima.

- **Integridade**:

Verifica que os dados DNS não foram modificados durante o trânsito.

- **Prevenção de Ataques**:

Protege de ataques de envenenamento de cache e man-in-the-middle.

## ❖ Como funciona o DNSSEC?

- **Assinatura de Zonas**:

Cada zona DNS é assinada digitalmente com uma chave privada.

- **Publicação de Chaves**:

As chaves públicas correspondentes são publicadas no DNS para que os resolvedores possam validar as assinaturas.

- **Cadeia de Confiança**:

Cada nível da hierarquia DNS (desde a raiz até o domínio específico) assina suas próprias zonas e publica as chaves necessárias, criando uma cadeia de confiança.

## ❖ Implementação de DNSSEC

### ▪ Preparação

Antes de implementar o DNSSEC, é necessário garantir que:

1. Seu servidor DNS suporte DNSSEC (ex: BIND, PowerDNS).
2. Tenha acesso para gerir as configurações do DNS.
3. O domínio seja registado em um registrador que suporte DNSSEC.

### ▪ Gerar Chaves DNSSEC

Para assinar sua zona DNS, precisa gerar chaves de assinatura de zona (ZSK) e chaves de assinatura de chave (KSK).

### ▪ No BIND:

```
dnssec-keygen -a RSASHA256 -b 2048 -n
ZONE rjpdns.com
```

```
dnssec-keygen -f KSK -a RSASHA256 -b
2048 -n ZONE rjpdns.com
```

Isso gerará dois pares de chaves (um par para ZSK e outro para KSK).

## ▪ Assinar a Zona

Depois de gerar as chaves, precisa assinar a zona DNS.

```
dnssec-signzone -A -o rjpdns.com -k K
rjpdns.com.+008+12345 rjpdns.com.db
```

Isso criará um ficheiro assinado da zona.

## ❖ Configurar o Servidor DNS

Atualize o ficheiro de configuração do seu servidor DNS para incluir as chaves públicas geradas.

Adicione as chaves ao seu ficheiro de configuração no Bind:

```
zone "rjpdns.com" {

    type master;

    file "rjpdns.com.db.signed";

    key-directory "/etc/bind/keys";};
```

Inclua os registos de chave no ficheiro de zona:

```
$INCLUDE
/etc/bind/keys/Krjpdns.com.+008+12345
.key

$INCLUDE
/etc/bind/keys/Krjpdns.com.+008+67890
.key
```

Reinicie o serviço DNS:

```
sudo systemctl restart bind9
```

### ❖ Publicar a Chave no Registrador

A chave pública KSK deve ser publicada no registrador de domínio para que a cadeia de confiança seja estabelecida desde a raiz.

- Faça login no painel do seu registrador de domínio.
- Procure a opção para gerenciar DNSSEC.
- Adicione a chave pública KSK no formato DS record.

### ❖ Verificar e Validar

Depois de configurar e publicar as chaves, deve verificar se o DNSSEC está a funcionar corretamente.

## ❖ Ferramentas de Verificação:

- **dig**:

Ferramenta de consulta DNS.

```
dig +dnssec rjpdns.com
```

## ❖ Manutenção e Rollover de Chaves

É importante manter as chaves atualizadas e realizar rollovers de chaves periodicamente para manter a segurança.

- **Rollover de ZSK:**

```
dnssec-keygen -a RSASHA256 -b 2048 -n
ZONE rjpdns.com
```

```
dnssec-signzone -A -o rjpdns.com -k
Krjpdns.com.+008+12345 rjpdns.com.db
```

Atualize o servidor DNS e o registrador com a nova chave pública.

## ❖ Importância do Monitoramento e Logging DNS

Manter um registo detalhado das atividades DNS é fundamental para a segurança e a administração eficaz de qualquer rede. O monitoramento e o logging permitem detectar anomalias, responder rapidamente a incidentes e analisar o tráfego DNS para optimizar o desempenho.

- **Detecção de Anomalias**:

Identificar atividades suspeitas que possam indicar tentativas de ataque ou uso indevido.

- **Resposta a Incidentes**:

Fornecer dados essenciais para a investigação e resposta a incidentes de segurança.

- **Conformidade e Auditoria**:

Ajudar a cumprir requisitos legais e regulamentares.

- **Otimização de Desempenho**:

Analisar padrões de tráfego para otimizar a configuração e o desempenho do servidor DNS.

## ❖ Configurar o Monitoramento e Logging no Servidor DNS

### ▪ No BIND:

O BIND (Berkeley Internet Name Domain) é um dos servidores DNS mais populares.

Aqui estão os passos para configurar o monitoramento e logging no BIND.

### ▪ Configuração de Logging no BIND

O ficheiro de configuração principal do BIND geralmente é o `named.conf`. Adicione a seção de logging:

```
sudo nano /etc/bind/named.conf
```

- **Adicione ou modifique a seção de logging:**

```
logging {
    channel default_log {
        file
"/var/log/named/named.log" versions 3
size 5m;
        severity info;
        print-time yes;
        print-severity yes;
        print-category yes;
    };

    channel security_log {
        file
"/var/log/named/security.log"
versions 3 size 5m;
        severity dynamic;
        print-time yes;
        print-severity yes;
        print-category yes;
    };

    category default { default_log;
};
    category security { security_log;
};
    category queries { default_log;
};
};
```

- **channel default_log**:

Define um canal de log padrão que grava logs em `/var/log/named/named.log`.

- **channel security_log**:

Define um canal de log específico para eventos de segurança em `/var/log/named/security.log`.

- **category**:

Associa categorias de eventos aos canais de log.

- **Criar Diretório de Logs**:

Certifique-se de que o diretório de logs exista e tenha as permissões corretas:

```
sudo mkdir -p /var/log/named
sudo chown bind:bind /var/log/named
```

- **Reiniciar o Serviço BIND**:

```
sudo systemctl restart bind9
```

## ❖ Monitoramento de DNS

Para monitorar as atividades DNS de forma contínua, pode utilizar ferramentas especializadas como Prometheus e Grafana para recolher e visualizar as métricas.

**Configuração de Monitoramento com Prometheus e Grafana**

**Instalar Prometheus**:

Siga as instruções de instalação no site oficial do Prometheus (Prometheus Installation).

**Instalar Grafana**:

Siga as instruções de instalação no site oficial do Grafana (Grafana Installation).

**Configurar Exportador de DNS para Prometheus**:

Pode usar o exportador de BIND para Prometheus para recolher métricas específicas do BIND.

**Instalar o Exportador**:

```
wget https://github.com/prometheus-
community/bind_exporter/releases/down
load/v0.3.0/bind_exporter-
0.3.0.linux-amd64.tar.gz
tar -xzvf bind_exporter-0.3.0.linux-
amd64.tar.gz
cd bind_exporter-0.3.0.linux-amd64
sudo mv bind_exporter /usr/local/bin/
```

**Executar o Exportador**:

```
bind_exporter --bind.pid-
file=/var/run/named/named.pid
```

**Configurar Prometheus para Scraping**:

Edite o ficheiro de configuração do Prometheus (`prometheus.yml`) para adicionar o exportador de BIND:

```
scrape_configs:
  - job_name: 'bind'
    static_configs:
      - targets: ['localhost:9119']
```

**Configurar Dashboards no Grafana**:

Acessar o Grafana através do navegador (normalmente `http://localhost:3000`).

Adicione Prometheus como uma fonte de dados.

Importe dashboards de DNS disponíveis na comunidade Grafana para visualizar métricas de DNS.

## ❖ Análise e Resposta a Logs

1. **Análise Regular**:

Reveja regularmente os logs para identificar tendências e possíveis problemas.

2. **Alertas**:

Configure alertas em Prometheus ou Grafana para notificá-lo sobre atividades suspeitas ou anômalas.

3. **Auditoria**:

Realize auditorias periódicas dos logs para garantir conformidade com políticas de segurança e regulamentações.

## ❖ Ferramentas Complementares

- **Logrotate**: Use o logrotate para gerenciar a rotação e arquivamento dos ficheiros de log, garantindo que os logs não ocupem muito espaço em disco.

Configuração de exemplo para `/etc/logrotate.d/named`:

```
/var/log/named/*.log {
    daily
    missingok
    rotate 7
    compress
    delaycompress
    notifempty
    create 0640 bind bind
    sharedscripts
    postrotate
        /usr/sbin/rndc reconfig >
/dev/null 2>/dev/null || true
    endscript
}
```

**Syslog**: Integre os logs do BIND com um sistema de gerenciamento de logs centralizado como o syslog ou o ELK stack (Elasticsearch, Logstash, Kibana) para uma análise mais avançada e centralizada.

## ❖ Conclusão

Monitorar e manter logs detalhados das atividades DNS é uma prática essencial para garantir a segurança, desempenho e conformidade da infraestrutura de rede. Configurar o logging no servidor DNS, implementar soluções de monitoramento como Prometheus e Grafana, e analisar regularmente os logs são passos críticos para manter uma rede segura e eficiente.

### ❖ Configuração de Redundância:

- **Utilizar Múltiplos Servidores DNS para Alta Disponibilidade**

A configuração de redundância em servidores DNS é essencial para garantir alta disponibilidade, confiabilidade e resiliência da resolução de nomes em uma rede. A utilização de múltiplos servidores DNS garante que, se um servidor falhar, outros estarão disponíveis para atender às solicitações, minimizando o risco de interrupções.

- **Importância da Redundância DNS**

1. **Alta Disponibilidade**: Garante que os serviços DNS continuem a funcionar mesmo se um ou mais servidores falharem.
2. **Balanceamento de Carga**: Distribui as consultas DNS entre vários servidores, melhorando o desempenho.
3. **Resiliência a Ataques**: Reduz a vulnerabilidade a ataques de negação de serviço (DDoS) e outras ameaças.
4. **Conformidade com Padrões**: Atende aos requisitos de muitas normas e regulamentações que exigem redundância para serviços críticos.

## ❖ Passos para Configurar Redundância DNS

### 1. Planejamento da Arquitetura DNS

Antes de configurar a redundância, é importante planejar a arquitetura DNS:

- **Servidores Primários e Secundários**:

Um servidor primário (master) armazena os dados de zona originais e é responsável por distribuí-los para os servidores secundários (slaves).

- **Localização Geográfica**:

Distribuir servidores DNS em diferentes locais geográficos para melhorar a resiliência e reduzir a latência.

- **Número de Servidores**:

Decidir quantos servidores DNS serão necessários para atender às necessidades de disponibilidade e desempenho.

### 2. Configuração dos Servidores DNS

**Servidor Primário (Master)**

- **Exemplos com BIND:**

1. **Configurar a Zona no Servidor Primário**:

Edite o ficheiro de configuração do BIND:

```
sudo nano /etc/bind/named.conf.local
```

Adicione a configuração da zona:

```
zone "rjpdns.com" {
    type master;
    file "/etc/bind/db.rjpdns.com";
    allow-transfer {213.228.135.7;};
    also-notify {213.228.135.7;};
};
```

2. **Criar o ficheiro de Zona**:

```
sudo nano /etc/bind/db.rjpdns.com
```

Adicione os registos DNS:

```
$TTL 86400
@   IN  SOA ns1.rjpdns.com.
admin.rjpdns.com. (
            2024062401 ; Serial
            3600       ; Refresh
            1800       ; Retry
            604800     ; Expire
            86400 )    ; Minimum TTL
@   IN  NS  ns1.rjpdns.com.
@   IN  NS  ns2.rjpdns.com.
ns1 IN  A   213.228.135.6
ns2 IN  A   213.228.135.7
www IN  A   213.228.135.6
```

3. **Reiniciar o Serviço BIND**:

```
sudo systemctl restart bind9
```

**Servidor Secundário (Slave)**

- **Exemplos com BIND:**

1. **Configurar a Zona no Servidor Secundário**:

Edite o ficheiro de configuração do BIND:

```
sudo nano /etc/bind/named.conf.local
```

Adicione a configuração da zona:

```
zone "rjpdns.com" {
    type slave;
    file
"/var/cache/bind/db.rjpdns.com";
    masters {213.228.135.6;};
};
```

2. **Reiniciar o Serviço BIND**:

```
sudo systemctl restart bind9
```

## 3. Testar a Configuração

Depois de configurar os servidores primário e secundário, é importante testar a configuração para garantir que a redundância está a funcionar corretamente.

- **Testar a Transferência de Zona**:

Verifique se o servidor secundário recebeu a zona corretamente:

```
sudo tail -f /var/log/syslog
```

- **Testar a Resolução de Nomes**:

Use a ferramenta **`dig`** para consultar os servidores DNS:

```
dig @213.228.135.6 rjpdns.com
dig @213.228.135.7 rjpdns.com
```

## 4. Monitoramento e Manutenção

Para garantir que a configuração de redundância continue a funcionar corretamente, é importante implementar monitoramentos e manutenções regulares.

1. **Monitorar o Status dos Servidores DNS**:

Configure ferramentas de monitoramento, como Nagios ou Prometheus, para monitorar o status dos servidores DNS e alertar sobre quaisquer problemas.

2. **Manter os Servidores Atualizados**:

Aplique regularmente atualizações de segurança e patches de software nos servidores DNS.

3. **Rever Logs de DNS**:

Analise regularmente os logs dos servidores DNS para identificar e resolver problemas de desempenho ou segurança.

❖ **Exemplo de Ferramentas de Monitoramento**

- **Usar Nagios**

1. **Instalar Nagios**:

Siga as instruções de instalação no site oficial do Nagios (Nagios Installation).

2. **Configurar Nagios para Monitorar Servidores DNS**:

Adicione a configuração para monitorar os servidores DNS no ficheiro de configuração do Nagios:

```
sudo nano
/usr/local/nagios/etc/servers/dns.cfg
```

Adicione a definição do serviço:

```
define service {
    use             generic-service
    host_name
213.228.135.6,213.228.135.7
    service_description DNS
    check_command
check_dns!rjpdns.com
}
```

3. **Reiniciar o Nagios**:

```
sudo systemctl restart nagios
```

- **Usando Prometheus e Grafana**

1. **Instalar Prometheus** e **Grafana**:

Siga as instruções de instalação no site oficial do Prometheus (Prometheus Installation) e Grafana (Grafana Installation).

2. **Configurar Exportador de DNS**:

Utilize o exportador de DNS para Prometheus, conforme mencionado anteriormente.

3. **Configurar Dashboards no Grafana**:

Importe dashboards de DNS disponíveis na comunidade Grafana para visualizar as métricas de DNS.

## ❖ Conclusão

A configuração de redundância utilizando múltiplos servidores DNS é uma prática essencial para garantir alta disponibilidade, resiliência e desempenho da resolução de nomes em uma rede. Seguindo os passos de planejamento, configuração, teste e manutenção descritos acima, pode implementar uma infraestrutura DNS robusta e confiável.

❖ **Configuração de Registos PTR: Implementar Resolução Reversa para Segurança Adicional**

A configuração de registos PTR (Pointer) é uma prática importante para a implementação de resolução reversa no DNS, que associa um endereço IP a um nome de domínio. A resolução reversa é frequentemente usada para verificação de identidade e segurança, além de ajudar na resolução de problemas de rede.

❖ **O que são Registos PTR?**

Registos PTR são registos DNS usados para mapear um endereço IP a um nome de domínio. Eles são o oposto dos registos A, que mapeiam nomes de domínio para endereços IP.

- **Registro A**: rjpdns.com → 213.228.135.6
- **Registro PTR**: 213.228.135.6→ rjpdns.com

❖ **Importância da Resolução Reversa**

- **Verificação de Identidade**:

Ajuda a verificar a identidade de hosts, especialmente em serviços como e-mail, onde é comum verificar se o endereço IP corresponde ao nome de domínio.

- **Segurança**:

Adiciona uma camada extra de segurança, dificultando a falsificação de endereços IP.

- **Resolução de Problemas**:

Facilita a resolução de problemas de rede, permitindo que os administradores identifiquem rapidamente a origem de tráfego de rede ou ataques.

## ❖ Passos para Configurar Registos PTR

- **Planejamento**

Antes de configurar os registos PTR, é necessário planejar quais endereços IP precisam de resolução reversa e garantir que tenha controle sobre a zona reversa correspondente.

## ❖ <u>Configuração do Servidor DNS</u>

**Servidor Primário (Master)**

- **Exemplo com BIND**

1. **Configurar a Zona Reversa**:

Edite o ficheiro de configuração do BIND para adicionar a zona reversa.

```
sudo nano /etc/bind/named.conf.local
```

Adicione a configuração da zona reversa. Suponha que estamos configurando para o IP 213.228.135.6:

```
zone "135.228.213.in-addr.arpa" {
    type master;
    file "/etc/bind/db.231.228.125";
    allow-transfer {213.228.135.7;};
};
```

2. **Criar o ficheiro de Zona Reversa**:

Crie o ficheiro de zona para o IP 213.228.135.6.

```
sudo nano /etc/bind/db.213.28.135
```

Adicione os registos PTR:

```
$TTL 86400
@    IN   SOA ns1.rjpdns.com.
admin.rjpdns.com. (
            2024062401 ; Serial
            3600       ; Refresh
            1800       ; Retry
            604800     ; Expire
            86400 )    ; Minimum TTL
@    IN   NS  ns1.rjpdns.com.
@    IN   NS  ns2.rjpdns.com.
213.228.135.6 IN PTR h1.rjpdns.com.
213.228.135.7 IN PTR h2.rjpdns.com.
```

3. **Reiniciar o Serviço BIND**:

```
sudo systemctl restart bind9
```

**Servidor Secundário (Slave)**

- **Exemplo com BIND**

1. **Configurar a Zona Reversa no Servidor Secundário**:

Edite o ficheiro de configuração do BIND para adicionar a zona reversa.

```
sudo nano /etc/bind/named.conf.local
```

Adicione a configuração da zona reversa:

```
zone "135.228.213.in-addr.arpa" {
    type slave;
    file
"/var/cache/bind/db.213.228.135";
    masters {213.228.135.6;};
};
```

2. **Reiniciar o Serviço BIND**:

```
sudo systemctl restart bind9
```

❖ **Testar a Configuração**

Depois de configurar os registos PTR, é importante testá-los para garantir que a resolução reversa está funcionando corretamente.

- **Testar com `dig`**:

Use a ferramenta `dig` para testar a resolução reversa.

```
dig -x 213.228.135.6
```

A saída deve mostrar que 213.228.135.6 resolve para h1.rjpdns.com.

- **Verificar com `nslookup`:**

Use a ferramenta `nslookup` para verificar a resolução reversa.

```
nslookup 213.228.135.6
```

A saída deve mostrar que 213.228.135.6 resolve para h1.example.com.

## ❖ Manutenção e Atualizações

Mantenha os registos PTR atualizados sempre que novos hosts forem adicionados ou removidos da rede. Reveja regularmente a configuração para garantir que ela esteja correta e eficiente.

## ❖ Exemplo de Configuração Completa

Aqui está uma configuração completa de exemplo para a rede 213.228.135.6, assumindo que tem controle sobre o domínio rjpdns.com e dois servidores DNS (primário e secundário).

- **Ficheiro de Configuração do Servidor Primário**

(/etc/bind/named.conf.local):

```
zone "rjpdns.com" {
    type master;
    file "/etc/bind/db.rjpdns.com";
    allow-transfer {213.228.135.7;};
    also-notify {213.228.135.7;};
};


zone "135.228.213.in-addr.arpa" {
    type master;
    file "/etc/bind/db.213.228.135";
    allow-transfer {213.228.135.7;};
};
```

- **Ficheiro de Zona Direta**

(`/etc/bind/db.rjpdns.com`):

```
$TTL 86400
@    IN   SOA ns1.rjpdns.com.
admin.rjpdns.com. (
           2024062401 ; Serial
           3600       ; Refresh
           1800       ; Retry
           604800     ; Expire
           86400 )    ; Minimum TTL
@    IN   NS   ns1.rjpdns.com.
@    IN   NS   ns2.rjpdns.com.
ns1  IN   A    213.228.135.6
ns2  IN   A    213.228.135.7
www  IN   A    213.228.135.6
```

- **Ficheiro de Zona Reversa**

(/etc/bind/db.213.228.135):

```
$TTL 86400
@    IN   SOA ns1.rjpdns.com.
admin.rjpdns.com. (
           2024062401 ; Serial
           3600       ; Refresh
           1800       ; Retry
           604800     ; Expire
           86400 )    ; Minimum TTL
@    IN   NS  ns1.rjpdns.com.
@    IN   NS  ns2.rjpdns.com.
213.228.135.6 IN PTR h1.rjpdns.com.
213.228.135.7 IN PTR h2.rjpdns.com.
```

## ❖ Conclusão

A configuração de registos PTR para resolução reversa é uma prática essencial para melhorar a segurança e a funcionalidade da rede. Seguindo os passos detalhados acima, pode configurar registos PTR nos seus servidores DNS, garantindo que os endereços IP possam ser resolvidos para nomes de domínio, proporcionando uma camada adicional de verificação de identidade e facilitando a resolução de problemas de rede.

- **Protecção contra DDoS: Implementação Própria de Serviços de Protecção contra Ataques de Negação de Serviço**

- **O que é um ataque DDoS?**

Um ataque DDoS (Distributed Denial of Service) é uma tentativa maliciosa de interromper o funcionamento normal de um serviço online, sobrecarregando-o com um volume massivo de tráfego de diversas fontes. Esses ataques podem causar a indisponibilidade de sites, aplicativos e serviços, resultando em grandes prejuízos.

- **Por que a proteção contra DDoS é importante?**

1. **Garantia de Disponibilidade**:

Mantém seus serviços online acessíveis aos usuários legítimos.

2. **Protecção da Reputação**:

Evita que a indisponibilidade dos serviços afete negativamente a imagem da empresa.

3. **Segurança Financeira**:

Previne perdas financeiras decorrentes da interrupção de serviços e transações.

### ❖ Como implementar protecção contra DDoS

Embora existam muitas empresas que oferecem serviços de proteção contra DDoS, é possível implementar algumas medidas internamente para mitigar esses ataques.

- **Configuração de Firewalls e Sistemas de Detecção de Intrusão (IDS)**

**Firewalls**:

1. Configure firewalls para bloquear o tráfego malicioso.
2. Crie regras para permitir apenas o tráfego legítimo e bloquear padrões conhecidos de ataque.

**Sistemas de Detecção dc Intrusão (IDS)**:

1. Utilize IDS para monitorar o tráfego em tempo real.
2. Configure alertas para identificar padrões de ataque e responder rapidamente.

### ❖ Exemplo de Configuração de Firewall no Linux (iptables)

1. **Instalar iptables** (se ainda não estiver instalado):

```
sudo apt-get install iptables
```

2. **Criar Regras Básicas de Proteção**:

```
sudo iptables -A INPUT -p tcp --dport
80 -m connlimit --connlimit-above 100
-j DROP
sudo iptables -A INPUT -p tcp --dport
80 -m limit --limit 25/minute --
limit-burst 100 -j ACCEPT
sudo iptables -A INPUT -p tcp --dport
80 -m state --state NEW -j ACCEPT
sudo iptables -A INPUT -p tcp --dport
80 -m state --state
ESTABLISHED,RELATED -j ACCEPT
sudo iptables -A INPUT -j DROP
```

3. **Salvar as Regras**:

```
sudo iptables-save >
/etc/iptables/rules.v4
```

❖ **Implementação de Limitação de Taxa (Rate Limiting)**

- Limite o número de solicitações que um único endereço IP pode fazer em um determinado período.
- Isso ajuda a prevenir que um único IP envie uma quantidade excessiva de tráfego.

## ❖ Exemplo de Rate Limiting no Nginx

1. **Instalar Nginx**:

```
sudo apt-get install nginx
```

2. **Configurar Rate Limiting**:

Adicione as seguintes linhas ao ficheiro de configuração do Nginx (`/etc/nginx/nginx.conf`):

```
nginx
http {
    limit_req_zone
$binary_remote_addr zone=one:10m
rate=1r/s;

    server {
        location / {
            limit_req zone=one
burst=5;
            # outras configurações
        }
    }
}
```

3. **Reiniciar Nginx**:

```
sudo systemctl restart nginx
```

- **Monitoramento de Tráfego e Análise**
  - Utilize ferramentas de monitoramento para observar o tráfego em tempo real.
  - Identifique anomalias que possam indicar o início de um ataque DDoS.

- **Ferramentas de Monitoramento**:

Instale e configure ferramentas como Netdata, Zabbix ou Prometheus para monitorar o desempenho e o tráfego do servidor.

- **Exemplo de Configuração de Netdata**

1. **Instalar Netdata**:

Siga as instruções de instalação no site oficial do netdata.cloud (netdata.cloud Installation).

2. **Acessar a Interface do Netdata**:

Abra seu navegador e acesse `http://your-server-ip:19999` para visualizar o painel de monitoramento.

❖ **Configuração de Servidores de Backup e Redundância**

- **Servidores de Backup**:

Configure servidores de backup para assumir o controle caso o servidor principal seja sobrecarregado.

❖ **Balanceamento de Carga (Load Balancing)**:

- Utilize técnicas de balanceamento de carga para distribuir o tráfego entre múltiplos servidores.
- Isso ajuda a distribuir a carga e prevenir que um único servidor seja sobrecarregado.

❖ **Exemplo de Configuração de Load Balancing com HAProxy**

1. **Instalar HAProxy**:

```
sudo apt-get install haproxy
```

2. **Configurar HAProxy**:

Edite o ficheiro de configuração do HAProxy (`/etc/haproxy/haproxy.cfg`):

```
global
    log /dev/log    local0
    log /dev/log    local1 notice
    chroot /var/lib/haproxy
```

```
    stats socket
/run/haproxy/admin.sock mode 660
level admin
    stats timeout 30s
    user haproxy
    group haproxy
    daemon

defaults
    log     global
    mode    http
    option  httplog
    option  dontlognull
    timeout connect 5000
    timeout client  50000
    timeout server  50000
    errorfile 400
/etc/haproxy/errors/400.http
    errorfile 403
/etc/haproxy/errors/403.http
    errorfile 408
/etc/haproxy/errors/408.http
    errorfile 500
/etc/haproxy/errors/500.http
    errorfile 502
/etc/haproxy/errors/502.http
    errorfile 503
/etc/haproxy/errors/503.http
    errorfile 504
/etc/haproxy/errors/504.http
```

```
frontend http_front
    bind *:80
    stats uri /haproxy?stats
    default_backend http_back

backend http_back
balance roundrobin
server server1 213.228.135.6:80 check
server server2 213.228.135.7:80 check
```

3. **Reiniciar HAProxy**:

```
sudo systemctl restart haproxy
```

## ❖ Conclusão

Implementar proteção contra ataques DDoS internamente envolve a configuração de firewalls, sistemas de detecção de intrusão, limitação de taxa, monitoramento de tráfego e configuração de servidores de backup e redundância. Seguindo os passos detalhados acima, pode criar uma defesa robusta contra ataques DDoS, garantindo a disponibilidade e segurança dos seus serviços online sem depender de terceiros.

# Problemas comum em DNS

- **Erro de resolução de nomes**:

Verificar configurações de rede e cache DNS.

- **Falta de resposta de servidores DNS**:

Verificar a conectividade de rede e status do serviço DNS.

- **Erro de configuração de zona**:

Verificar os ficheiros de configuração de zona para erros de sintaxe.

- **Ferramentas de diagnóstico**

➢ **dig**:

Ferramenta de diagnóstico para consultas DNS.

➢ **nslookup**:

Utilitário para investigação de registos DNS.

➢ **tcpdump**:

Ferramenta para captura e análise de pacotes de rede.

## Referências e fontes de download

- **Centos**:

https://www.centos.org

- **Ubuntu**:

https://ubuntu.com

- **Debian**:

https://www.debian.org

- **OpenSUSE**:

https://www.opensuse.org

- **Windows**:

https://www.microsoft.com

## Notas do Autor

Todas estas informações são experiências de largos anos na prática para desenvolver e aperfeiçoar o melhor sistema para servir os DNS em segurança.

Tome atenção, que ao longo dos tempos estes códigos podem ficar desactualizados, mas é uma boa base para poder pesquisar por novos e mais desenvolvidos.

Aproveito para agradecer aos milhões de contribuidores de código aberto, pois, sem eles, hoje não tínhamos o desenvolvimento que temos.

O meu muito obrigado

Odracir Sparrow

Este livro foi produzido em conformidade com as diretrizes GPSR da UE sobre a segurança dos produtos

O Regulamento relativo à Segurança Geral dos Produtos (GPSR) da União Europeia tem por objetivo garantir que todos os produtos de consumo, incluindo os livros, sejam seguros para os consumidores.

Este livro foi impresso por CPI books GmbH. A gráfica emitiu certificados de segurança para os materiais utilizados, como tinta, papel e cola.

O identificador do produto é : 9789403754376

O autor é responsável pelo conteúdo do livro, é o editor da obra e assume toda a responsabilidade pela mesma.

O livro foi produzido através da Bookmundo. A Bookmundo permite a qualquer autor partilhar as suas histórias com o resto do mundo através de livros impressos e e-books e de uma vasta rede de distribuição.

Bookmundo atuará como intermediário em relação a questões de segurança e dirigi-las-á ao impressor / autor. Em caso de dúvidas sobre a segurança do produto, contacte-nos.

Bookmundo
Delftsestraat 33
3013AE Rotterdam
Holanda
info@bookmundo.com

FSC
www.fsc.org
MIX
Papier | Fördert
gute Waldnutzung
FSC® C083411

Kolibri 360 GmbH
Ferdinand-Jühlke-Straße 7
99095 Erfurt, Deutschland
produktsicherheit@kolibri360.de